Apuntes para un náufrago

MUSEO SALVAJE
Colección de poesía
Homenaje a Olga Orozco

Homage to Olga Orozco
Poetry Collection
WILD MUSEUM

Paúl Benavides

APUNTES PARA UN NÁUFRAGO

Nueva York Poetry Press

Nueva York Poetry Press LLC
128 Madison Avenue, Office 2RN
New York, NY 10016, USA
Telephone number: +1(929)354-7778
nuevayork.poetrypress@gmail.com
www.nuevayorkpoetrypress.com

Apuntes para un náufrago
© 2025 Paúl Benavides

ISBN-13: 978-1-966772-99-6

© *Poetry Collection*
Wild Museum 69
(Homage to Olga Orozco)

© Publisher & Editor-in-Chief:
Marisa Russo

© Prologue & Blurb:
Mía Gallegos

© Cover Designer:
William Velásquez Vásquez

© Layout Designer:
Luis Rodríguez Romero

© Author's photograph
Tito Benavides

© Cover & Interior Artist:
Master Jaime Vásquez

1st Edition
Letra Maya Asesores Editoriales

Benavides, Paúl
Apuntes para un náufrago / Paúl Benavides. 2da ed. New York: Nueva York Poetry Press, 2025, 136 pp. 5.25" x 8".

1. Costa Rican Poetry   2. Central American Poetry

All rights reserved. No part of this publication may be reproduced, distributed, or transmitted in any form or by any means, including photocopying, recording, or other electronic or mechanical methods, without the prior written permission of the publisher, except in the case of brief quotations embodied in critical reviews and certain other non-commercial uses permitted by copyright law. For permissions contact the publisher at: nuevayork.poetrypress@gmail.com.

A mis abuelos
Juvenal, Cristina
Elena y Celín.

Una mirada en torno al libro
Apuntes para un náufrago.

Apuntes para un Náufrago de Paul Benavides Vílchez es una obra en prosa poética que explora la incertidumbre y las heridas de las décadas de 1980 y 1990 en Centroamérica. El autor, a través de una narrativa existencialista, nos sumerge en un viaje introspectivo dividido en tres secciones: "Una botella lanzada al mar", "El viaje del náufrago" y "Después del naufragio".

En la primera sección, Benavides rememora su infancia y los primeros indicios de desasosiego, utilizando imágenes como el humo y la botella lanzada al mar para simbolizar la búsqueda de sentido y salvación en medio de la confusión. La segunda sección profundiza en la experiencia del náufrago, abordando temas como la soledad, la muerte y la pérdida, con una atmósfera que recuerda a la poesía maldita de Baudelaire. La tercera parte reflexiona sobre el mundo posterior al naufragio, cuestionando la caída de las ideologías y la necesidad de encontrar nuevos caminos en un mundo en transición.

La obra de Benavides se caracteriza por su estilo lírico y fragmentado, que invita al lector a sumergirse en las profundidades de la memoria y la experiencia humana. A través de su prosa poética, el autor ofrece una meditación sobre la existencia, la pérdida y la búsqueda de sentido en tiempos de incertidumbre.

MÍA GALLEGOS

Una botella lanzada al mar

1

El humo… siempre el humo. Regreso a los venerados campos del humo. Dios se fuga hacia las marismas de la culpa. Huye en la hoguera inacabable del humo. Enciende un holocausto con la punta del otro. Clava su colmillo en la niebla del hueso. Se mueve entre el gusto aristocrático y las asambleas plenarias. Toma plazas, ríos, templos, gargantas, brazos de mujer, cuerpos no nacidos, el futuro y el espanto. Hace suyo lo que se multiplica al infinito en el ojo de la moneda donde crece el mundo. En su brillo está la luz, vibra la vida, canta la muerte.

2

Ahí está la patria de la infancia entre juguetes de plomo y loros de lengua absuelta. Es una selva cósmica de orugas de luna verde, monos crepusculares y gatos pardos en la punta del aire. La infancia vuelve con el girasol y el relámpago. Es una obsesiva fuga hacia atrás que detiene al futuro y su flujo de incerteza. Es un vicio de la memoria que se niega y afirma en un ruido de triciclos y gritos entre los pliegues imposibles del día. La infancia destroza los rigores de sueño y los panales del tiempo. Es una ventana abierta para fugarse cuando el miedo arrecia y el padre tensa el lienzo para pintar un hombre y una botella triangular con glaciares fogatas de eucalipto. Es el relumbrón del zinc que se retuerce bajo el óxido de febrero. Es la escalinata de la iglesia y el sermón lúgubre de la tarde. Es la cantina del tío y el hervidero de hombres borrachos que oyen a Pedro Infante. La infancia es el viento que agita los fantasmas de la casa paterna, como sobreviviendo al caos de muertes y nacimientos, que ondea su soledad de isla oscura sobre la madera irregular del tiempo.

3

El cuarto de la abuela está ocupado por las sombras. Se libra una batalla campal entre arcángeles desnudos y demonios empalados en la pared de adobe; talud del mundo y muro de los desagravios. Y allí la abuela pasa sentada al filo de la noche, lejana e íntima, próxima a hundirse más allá del tiempo para penetrar en el origen de la predestinación. La abuela es una sombra proyectada del pasado entre linimentos para el pecho y brebajes para la tos sobre la cama breve, capaz de apaciguarlo a él con la mano sobre la frente. Es imposible imaginar ya su voz ronca de tren demorándose y salvar sus palabras de la vasta región del olvido. Delgada e ínfima en su sangre de alcoholes heredados (cuánto diera él por su mano en la cabeza en el silencio del cuarto) en la pobreza díscola de la libertad. La abuela es la última de una especie de inmigrados en la frontera del sueño y del desacato. Con luz entre los dedos y dolor en las palabras se levanta para cortar el pan salido del horno. No recuerda su voz, pero si la atmósfera grávida de aceite y oscuridad. La abuela con el pelo aguerrido en la punta del mástil señalaba con su mano flaca hacia el cielo plateado y desconocido (cuánto diera él por su mano en la frente, por el enigma de su calor trizando los últimos demonios del miedo). La abuela presagiaba el designio pútrido de los cuerpos, intuía el futuro de aquel niño esmirriado y frágil que no vería hacerse hombre (qué diera él por sentir la mano que lo despojaba de la suciedad del día, que le devolvía la claridad del mundo). La abuela entre todas las mujeres, bendita la tela gris y negra que arropó la soledad que llevaba entre rosarios largos y secretos dichos a dios en el silencio y la nada.

4

Una bandera negra y roja ondea lenta contra el cielo azul de diciembre de 1977. Una mujer colecta fondos para derrocar al tirano que estaba a un poco más de 400 kilómetros al norte. La música de Carlos Mejía Godoy se eleva en círculos concéntricos que se abre y cierra como un párpado enorme. La bandera roja y negra flota y golpea el aire (el FSLN toma el oeste de Managua y el ejército del general Anastasio Somoza se repliega hacia el norte reportando 70 bajas; el comunicado del FSLN advierte que el tirano ha perdido apoyo internacional). El hormigueo en el cuerpo y el contacto con la guerra en Centro América. Las banderas agitándose al viento, aquella mujer joven con jeans y pañuelo al cuello negro y rojo. Los primeros hallazgos de que la vida iba más allá de los cafetales y de las lentas lecciones del catecismo. La guerra, el tirano, la música de los Palacaguina. La mañana de domingo, las campanas llamando a misa de las 11.00 a.m. la música yendo más allá del parque, oyéndose en los barrios y los pueblos. La música y la guerra. La araña de la vida le trepaba por el cuerpo, se revelaba entre las jóvenes militantes que endulzaban la mañana con su cuerpo apretado y sus escasos 17 años. Reparten los panfletos, los banderines, las calcomanías negro con rojo; rojo con negro. Con pulseras de cuero y sandalias franciscanas, militantes de la revolución sandinista (las gentes para mirarlo se rejuntaban en un molote, el indio Joaquín le trajo quesillo en trenzas de Nagarote. En vez de oro, incienso y mirra le regalaron según yo supe, cajetitas de Diriomo y hasta buñuelos de Guadalupe)… y él las seguía por el parque para verlas estirar la mano y entregar el pasquín negro y rojo, rojo y negro, atraído por la belleza ardida de sol con dos pechos leves, inquietos. La música, la muerte de jóvenes como ellas a más de 400 kilómetros del parque, bajo las balas del tirano a 400 kilómetros del miedo y de la muerte. La música que golpeaba las paredes del aire y la consciencia (Cristo ya nació en Palacaguina de Chepe Pavón, Pavón y una tal María. Ella va a planchar, muy humildemente, la ropa que goza la mujer hermosa del terrateniente), que hablaba de otro cristo con traje de fatiga y pañuelo negro y rojo, accionando su AK-47, mientras repartía el pan de la mañana y el fuego de la justicia santa. Entre la niebla de humo y pólvora de las ruinas de Managua, León, Rivas, Chinandega y Matagalpa.

5

Ese niño entre las piedras del río es el hombre que lo ve atrapar las olominas rojas desde el futuro. Se pulveriza el tiempo por una daga de luz y de memoria, de pupila a pupila, juntos, distantes: él es el niño. El niño es el hombre. Ambos divididos por un silencio de años y de cuerpos, de agua y de cansancio, de ternura y de muerte. Sin verse se observan. Es la ecuación misteriosa del tiempo resuelta por la memoria. El tiempo es la memoria. La memoria es el tiempo. El tiempo, el niño, el hombre, él mismo. Otredad que se ensucia el pecho y penetra las entrañas de la tierra con sus dos manos para buscar el secreto del mundo, el misterio de la vida donde se oculta el mar, el tesoro o las ruinas de alguna ciudad. El niño, el hombre, el hombre- niño, siente el desentrañamiento de la vida y no detiene la búsqueda en el costado de la tierra. ¿Qué busca el niño? ¿Qué halló el niño y retiene el hombre como un amuleto frío entre las manos, sin tenerlo, en la memoria? El sol, apenas tibio sobre la piel en un diciembre de 1975, entre los cipreses altos de un verde oscuro, el niño ve al hombre desde las piedras, sin saberlo, con su mirada puesta en el porvenir o en vértigo de la nada. El niño sorprende a la libélula brillante que vuela a ras del agua y el hombre lo toma con las pinzas invisibles de sus dedos, la siente volar loca en el aire recordado. El niño sale del río y sube la colina, el aire le trae el olor a humo de eucalipto y el hombre lo aspira desde la concavidad de un tiempo equivocado. Se acaba el día y el hombre lo siente en los ojos y los cierra desde un extremo de la memoria. Caminan juntos entre largas fumarolas de olvido, bambús de frío, agujas de agua sobre la piel quemada por la brisa. El tiempo, el niño, el hombre retornan de su aventura por el potrero con una bolsa imaginada de peces azules. El niño, el hombre, asesino de insectos y cazador de pájaros, atravesó la larga selva de la aldea y durmió entre los cedros con el cuerpo herido de espinas. Lleva en su piel el triunfo de la libertad, la potencia de la vida, pero también el olvido. El niño, el hombre… se acerca al final del día y le toca el pelo y se despide desde algún rincón oscuro del sueño. Tratará de decirle que no toque con la punta del dedo el aire de la vida. Que se quede a sentir el calor húmedo de mayo, que cargue para siempre la bolsa imaginaria con los peces girando en la pupila. Que siga la trayectoria lenta del búho que flota en el aire y se resiste a la guerra incesante del bambú. Le dirá que no salga del círculo mágico de la abuela, pero el niño que ve hacia el futuro es el hombre que abraza el territorio incierto del sueño. Y duerme.

6

La iglesia de la infancia está en el tuétano del sueño y de la pesadilla. Es el teatro de la pugna por el dominio del cuerpo. Entra a ella de la mano de la madre hasta las bancas marcadas con los apellidos de la aristocracia aldeana. Y, allí, un cura dice con sotana verde palabras ilegibles, jeroglíficos de saliva y cal: el bautizo del hermano menor en la pileta de mármol sumergido en el agua en un acto bárbaro y descarnado. Antes de eso fue un amasijo de carne perdido en el limbo, ángel blanco y anterior de pocas libras, llegado al valle de sombras y al temblor del cuerpo por el oficio del pecado. La iglesia de la infancia, entre beatas y mujeres de piernas largas como el delirio de la carne y del amor. Fue materia de las primeras erecciones entre santos de escayola y oraciones crepusculares. La braza de la tentación quema las manos, la fiebre, el deseo, acerca a la imaginación senos duros y glúteos redondos. ¿Qué era el mal y el bien en un niño temeroso y agitado? El mal penetra la carne y el hueso, en las mañanas y en las tardes, en las sombras y la penumbra del frío, en la mampostería irregular del templo y en las imágenes con el dolor del mundo. Dios pájaro de la venganza. Dios pájaro del horror y de la tentación. Súcubo vestido de arcángel dentro del reino liberador del pecado. Suma Teológica del error: matar a la serpiente del deseo como una flor diáfana que crece entre juegos infantiles. La iglesia de la infancia, útero divino, húmedo, barroco, oscuro, metido hasta el hueso en los primeros juncos del sueño y de la vida. Es la pugna primera entre el bien y el mal, entre la oscuridad y la luz: ser un ángel más de culo blanco o una víbora de colmillos largos y ensangrentados.

7

Los perros de la infancia son libres... peregrinos. Con la baba de su hocico como la moneda que me daba el mundo. Los perros de la infancia son dos apenas, pero suficientes y llegan a mí después de muertos, después de heridos, tiernos, crueles con los espectros de la ropa tendida, en la línea larga de la tarde. Están junto al río, junto a mi sentados, para cazar a la paloma blanca e imaginada. Son rápidos entre los riachuelos arcanos del recuerdo. Acaricio su lomo fantasmal y erizado, cuando el viento golpea el envés de mi mano que cuelga como queriendo tocarlos de nuevo, para aferrarme a su piel con el hueso del hambre entre los dientes. Raza impura, que corre por el sueño y penetra conmigo el hosco, hondo lago del inconsciente. Le ladran a la noche de la pesadilla, a las bestias y a los duendes. En el descampado de la noche me mojo en su saliva y de pronto llega septiembre, como una bocanada de luz y de agua verde. Los perros de la infancia, niños que hablan con la lengua, huérfanos precoces, fieras locas. Y yo ahora perro rápido de la vida, sin años por delante, roto el cordel que me sostiene al aire y a la guerra. ¿En qué cielo de los promiscuos pastan su muerte de perros liberados, de niños sin alma con los ojos negros?

8

La muerte, la muerte, siempre la muerte. La patética pregunta que se inició como una mancha sin nombre y luego tomó forma hasta cegar el murmullo de los abuelos que señalaban hacia el árbol de limón o a hacia lo hondo de la tarde. La muerte, la muerte, la sustancia cruda entre el adobe y la tierra fresca, que se traga las conversaciones, los conejos, los perros milenarios, el fuego perenne del horno como ojo que se iría apagando. La muerte levanta el velo de la noche. Busca entre los sobrevivientes a pintores, panaderos, diletantes de brocha gorda, arrasa a tías adictas a la locura y a las taras en hospitales y sanatorios. La muerte... siempre la muerte en las instancias hediondas del sueño, en la presunción de la propia muerte a manos de un zarpazo inexplicable. La muerte, el miedo a la muerte de la madre, su ahogo indefinible, su tierna locura que alejaba toda sombra o mano que intentaba resucitarla de aquel maldito caos de la nada. ¿En qué oscuro rincón del suplicio se refugió y aun así nos dio las querencias más dulces, el aliento filial que terminó por apagarse? El abandono de toda razón axial para mantenerse entre los otros, los demás, los suyos. ¿Qué inhóspita fiebre le quemó las entrañas y la piel desde antes de nacer, para venir al mundo negándolo, quizás odiándolo? ¿Qué perverso mal la condenó a ese silencio a punto siempre de estallar con las astillas del miedo y de la rabia? ¿Qué silencio podrido nacido del más oscuro fondo hirió las pupilas y puso ese doble fondo del ojo para no ver el castigo del sol sobre el cielo y la luz del día donde estaba quizá el bálsamo a tanto dolor antiguo e inexplicable? La muerte, la muerte, la muerte, la muerte de la madre en vida, desde antes de la vida, legó esa herencia que se lleva sin saberlo. Ese fantasma inclemente y ubicuo que aparece en las instancias rotas del día y de la noche. Ángel del miedo que nace en las horas en que un cuerpo parece colmar de humedad los rincones inexplicables del desamparo y una mano desata todo lo que se parece al amor y a la ternura. Y se esconde y fuga. La muerte la muerte la muerte de la madre desde antes del primer aire, cuando algún pájaro adivino saltó sobre su boca y puso el perro más negro del día. La muerte, la muerte. Ese pecado injusto que carga quien es herido por el miedo. La muerte, la muerte de la madre, sobre la mesa de madera tatuada de olores inequívocos, donde los hermanos dejaron su huella, los rastros inapelables del tiempo. La muerte de la madre desde antes de su muerte, su amor debilitado y puro, real e invisible en la cercana llegada de la noche, en la oscura duermevela del cuarto. Sobre ese sueño imposible suspendido frente a la ventana, o detrás el espanto impreciso de la noche sobre el pasadizo angosto y clausurado. Y luego el regreso de su cuerpo y de su mente clara, el abrazo suspendido que anunciara el vuelco sonoro de sus manos llegadas del hueco denso de la sinrazón. Como si un volcán irrumpiera desde el origen combustible de la tierra. La madre, la muerte, la vida. Ella incorporándola, encarnándola, enardeciendo la fe ciega de la lluvia y del amor.

9

Como el tiempo llega y rompe al niño en pedazos leves, dulces, tiernos y lo toma, lo golpea, lo arde, lo hace viejo de un soplo. Lo desnuda, lo deja con media sonrisa, con media duda en la cara. Le acerca el pozo de la sombra a las manos, al cuerpo, al sueño. Le cambia de nube, de aire, de manos, de mujer, varias veces, le arrebata la alegría la duda el ansia lo despoja de nada y de todo. Desacomoda a la muerte, fluye por algo que había sido campo, cielo, duda, hambre. Lo deja solo, sin nadie, le hace suya la soledad que llega con los muertos, como una herida abierta siempre y nueva. El tiempo: ciego, ruin, duro tronco, estallido, perro rabioso.

10

Desato el cuerpo de las certezas pringadas con sangre. Reduzco a escombros las viejas verdades que llenaron los días de mentira. Suelto el cuerpo por la pradera como un perro liberado y planto un campo de girasoles donde escribir con trazo torpe las primeras líneas de la mano. Me afirmo en la vocación de marino o de nube. Fundo un paraíso entre los zarpazos de lo estatuido y las proclamas absurdas del éxito. Quemo las palabras que plantaron desde antes de la muerte en el plexo y en mi frente. Retiro cada letra, cada sello de fuego y pongo en su lugar el desafuero del amor y del cuerpo. Veo la propia vida como un río que arrasa aquella fe endurecida por siglos de estupidez, que no podía nombrar el mar sin vaciarlo de memoria y sal.

11

¿Ese soy yo? ¿Ese pozo de agua donde la luna proyecta su cara oscura? ¿Ese pedazo de algo atravesando la noche herido por las agujas finas del frío? ¿Ese soy yo? ¿Pleno de un licor agitado que trama la forma de acercarse al amor? ¿O quizá prepara la quema de las naves donde iba aquel pasajero leve de la vida? Ese nadar hacia la nada empujado por un viento a trasmano. Ducho en la fuga a lo evidente a quien la vida le pareció siempre una broma absurda que había que soportar, cuando las indicaciones, las reglas, las rutas, los caminos le exigían recato y le parecieron un cúmulo de aciagas mentiras. ¿Ese soy yo? ¿Una sombra larga que atraviesa los desniveles de la penumbra, en este pedazo de isla donde las hojas o el canto de los pájaros se predicen con absurda nitidez? ¿Un equilibrista sobre las grietas y los desacoplados ladrillos del delirio? Era mejor que se abriera la tierra y se tragara la aldea, el ritmo perverso de las carretas y su olor a serrín y a semana santa, entre atavíos de seda negra y cloroformo ¿Ese soy yo? Que camina llevado por el viento o la costumbre de respirar. ¿Ese soy yo? Huidiza sombra helada. Uno más de anteriores generaciones de locos, desheredados, ilusos, mujeres y hombres borrados por odiosas clasificaciones y designios. Caterva de diletantes, siervos atados a la gleba o a algún destemplado licor. Y luego olfatear la peste y dirigirse a ella, caminar hacia alguna tundra donde los compañeros de juegos colegiales se extasiaban con el ritmo neto y asumido de la destrucción. La vida, esa gran ramera con sus excesos de nada y su ley del éxito, tragándose a sus vástagos, señalando con su dedo torcido la ruta equivocada para transgredir las señales, los avisos, las precauciones y tomar por asalto las pupilas, el envés del espejo por donde la vida se vaciaba de razones ¿Ese soy yo? Quien fluye por debajo de la piel como el trasiego húmedo del sexo, el disparo frío de la endorfina, el polvo desamparado de alguna droga que atizó el fuego de la libertad para quemar el tuétano de la lágrima que no llegó nunca, bajo la luz ennegrecida del cuarto.

12

Entro al cuartel de aulas numeradas con olor a cera vieja. Regreso al orden escolástico entre libros de geografía y virtudes teologales, al círculo cerrado del tedio y al simulacro marcial del recato. Vuelvo al colegio bajo el mando de curas broncos con halitosis de tabaco negro y mala leche. Regreso al lugar donde los salvajes americanos son cristianizados entre árboles de guayaba y los cafetales dormidos. Domestico la carne. Freno el instinto, pero no dejo de pensar en la adolescente morena y de senos duros. La locura del pecado corre por los retruécanos del sueño y se alivia con la explosión catártica de la masturbación. Soy libre entre comuniones de los jueves y los soldados de cristo para comenzar el verano. Soy libre entre los juegos del cuerpo y las aspas de la fe que giran en el fondo del aula donde se enseñan los acuerdos conciliares y posconciliares. La teología del pecado se descarna frente a los humores de la piel adolescente. El fuego de la culpa arde para la gloria y alabanza de «dios padre». El goce vuela como un pájaro inquieto entre las manos, la nariz, la imaginación y el deseo ("dime tus pecados hijo. Probé el delicado sabor del sexo de una mujer, repítelo, probé el delicado sabor del sexo de una mujer, padre...") y la mano gruesa del cura golpeaba la mejilla (yo te absuelvo de tus pecados en el nombre del Padre, del

Hijo y del Espíritu Santo). Y el olor de aquella fiera adolescente vuelve como la lluvia precisa de junio sobre la grama húmeda del sexo. El amor crece a la orilla del aturdimiento teológico y la ablación del deseo. Crece entre los limites oscuros de un parque y en el callejón de luz imprecisa. Crece en el territorio de la casa sin padres y sin hermanos, donde fuimos libres entre horas más extrañas y dichosas del mundo.

13

Los primeros poemas eran pobres copias de Cernuda o Borges, dedicados a aquella mujer de ojos grandes y mal alimentada. Los primeros poemas como dardos solitarios entre la bruma bastarda y el humo de un parque. Los primeros poemas abren una herida, saltan de la línea mansa del papel como aves perdidas, para dar con una imagen confusa o una pobre metáfora. Las palabras... los primeros poemas eran un esbozo de peces alocados que dejaban su baba de estanque y barro, sus signos borrosos como pájaros perdidos. Pero llegó la noche con sus extravíos, sus guerras, sus miserias, con las mujeres marcadas por algún virus nocturno. Las nuevas palabras afiebradas, torcidas dejan sus rastros de sudor y de asco que fluyen como el agua o la sangre. Y se liberan de la pesadilla de la mano, se desnudan con la furia del puño. Las palabras, los poemas... salen de las sílabas como perros desnudos. Corren desnudas por las rutas del miedo y de la sombra. Las palabras solitarias desde la infancia, como juguetes sin cabeza y triciclos fragmentados en su rojo opaco. Puestas de cabeza en el papel para circuncidar la materia oscura del sexo. Las palabras iban hacia el pasado para penetrar el ruido de la nada y remover la materia de la vida. Para desvirgar las calles por donde se escondía la grisura de la muerte y, poner un pájaro mentiroso donde hubo mar y asfalto. Las palabras, los poemas… ahora son niños aturdidos, experimentan el sol y la vida nunca vista. La poesía, las palabras… salen de su concha de mar ingrato, suman hambres, distancias, recuerdos lunes y muertos. Las últimas palabras marchan solitarias hacia su final, incapaces de dar el amor entre el inicio y el final de alguna noche.

14

El miedo limpio y venéreo fluye por el sexo de dios. El miedo con su exceso eufórico hasta el asco. Se vuelve religioso entre las sábanas, en las gargantas, en las uñas, en el ojo del día y del niño. Anestesia los excesos de la noche, los desmanes de la contradicción, la lucha de todos contra pocos. El miedo, sueño del sueño del sueño, veneno para la boca y el tímpano. El miedo más grande que el miedo, más pequeño que el miedo. Sustancia gris de la materia. Materia gris del miedo que pudre el pecho de la tarde. Pasan las banderas, los desfiles. La fanfarria de la muerte eleva su calavera rodeada de querubines.

15

El viaje iniciático me arrancó la piel sedimentada por años de religión y culpa. Aquella mujer que me dio lo mejor de su cuerpo no tuvo miedo alguno para el amor o la muerte. Ella, curtida en las vanguardias y en las militancias turbulentas desaparecía cualquier noche (cualquier noche era ya otra noche como otro cuerpo era ya otro cuerpo), y no había mejor opción que aprender a navegar su cuerpo como un barco efímero o imaginado. Aprender a olvidar rápido aquel nombre femenino que inoculó el vicio de la sorpresa, el oficio de ser libre en medio de oxidadas noches de alcohol y absurdas disidencias.

16

Estuve en un cuarto con balcón por encima del aire y vi la ciudad, las nubes, el esmog. Vi a los pájaros que unían el vuelo con la duda y a los papeles que flotaba en los círculos del sueño. Tomé prestada la parábola del mal y su antípoda en el agrio despertar de la nada, en el lento caminar de la tarde en el pozo del hambre. Intuí al perro que ronroneaba en el alambre, al gato que silbaba en la jaula del pájaro, a la aberrante paloma que respiró el aliento del muerto.

17

Rompí las razones del miedo. Lo vulneré con un cuerpo solitario y duro. Lo sometí a la temperatura de la carne y lo quemé en el ciclo de la saliva. Penetré en él como un cuchillo a la niebla. Pude precipitarme en los extramuros del deseo y de lo desconocido con todas las batallas de previo perdidas. Ella, venida del ocio y del desasosiego. La hallé con ojos de lince sin sueño. Trashumé por los rincones turbios de su vida. Tomé por asalto su mirada, su piel, una palabra no dicha. Fue mía aquella camarada sin reparos, que hacía el mundo girar en torno al amor y al olvido. Confronté su alma extraviada sin perder un minuto para abolir el terco cerco del deseo: los últimos coletazos del miedo teocrático y su veneno purulento.

18

No se pudo acomodar nunca a los placebos del espíritu, a las impostaciones en medio de los rituales de los hombres dichosos. Fue proclive por vocación de ancestros al extrañamiento de lo dado; incluso, a los afectos a los que había que darse. Nunca creyó en el adormecimiento proverbial de la aldea y los ciclos ceremoniales de la felicidad fingida. Siempre fue renuente a los pactos necesarios para pertenecer a sectas o fraternidades que la repetición imponía hasta el asco, bajo el decorado burgués del aplauso. Cargó siempre, y siempre lo supo, un mar apenas gris y leve sin grandes sobresaltos. Tuvo enquistado en el ánimo el deseo de transmutarse en crimen o en animal salvaje. Pero no tuvo el coraje. Se exilió hacia dentro y buscó el hueco profundo de sí mismo para fundar una patria de libros viejos y dudas interminables. De obcecados fantasmas con quienes dialogar por las calles o en los cines hasta declarar la propia guerra en sus pupilas, desde donde observaba el mundo sin importarle sus partituras llenas de sangre y odio. En línea paralela al aire y de las cosas cotidianas, transitó por rutas de ácidas recriminaciones que libraba a cada paso por la ciudad (prisión, destierro, muerte) con los mismos árboles y sus sombras predecibles. Sabiéndose sin valor para renunciar a todo decidió insistir, insistir, insistir... ¿Hacia qué? ¿Hacia dónde? ¿Por qué? Y se aferró a los más nimios recuerdos de alguna clara mujer que llegaba sin hacer ruido y se iba con la luna. La patria oscura de la duda y del extrañamiento. Esa rosa que se abría en mil preguntas y oscilaciones. Aquella rosa elusiva del día fugándose entre las manos como una liebre para insistir en el error de no hacer nada y de entregarse a la nada que era todo. ¿De quién heredaría la manía de caminar sobre el aire sin ser notado o desaparecer como mago entre el griterío? No se sintió nunca bien entre cientos de voces que gritaban consignas o entre escasas voces que se decían confidencias. Se sintió bien cuando estaba solo entre anaqueles de una librería mohosa o entre las paredes de un cine viejo. Solo entre las luces escuálidas de un bar de tercera con diálogos largos o aburridos sobre la vida que volaba como una mosca en círculos.

19

Primero fue el silencio intoxicado de silencio, metido en el andamiaje promiscuo de la ciudad.

El silencio como lengua incapaz de abolir el encono de los años sin que pudiera devolver los golpes dados por la noche, con algunas palabras para penetrar el viento y el papel como trozos de amnesia. Junto a los perros del frío y del insomnio hubo que dejarse lamer por su hocico iluminado, por su baba sagrada. Hubo que intoxicarse de su pelambre que dio calor al frío y a la muerte veneno. El silencio testarudo desquició los restos de la noche para que la poesía no entrara y no saliera. Ángel o demonio. Cuchillo imposible en la herida que buscaba los restos de una guerra sobre el papel hacia ningún lado del silencio. Escribir sin escribir con la mano adolorida de nada. Escribir sin escribir un largo poema adolescente que se cocía lentamente en su inconstancia. Oírlo reventar contra el vacío, estallar entre la lluvia, oírlo con los ojos enfermos y la boca tierna. Escribir sin escribir el poema sabiendo que se escribía solo, quieto, lerdo, barco perdido, cribado en el odio y el espanto. Saber que en cada sorbo de cerveza se escribía un poema ínfimo, amarillo, invisible cuerpo de mujer que se evaporaba en los círculos del frío y del hambre.

Cómo olvidar la orilla del mar, la mano que palpó tu entrepierna para comernos con hambre y empezar siempre un día a la vez. En la arena hallábamos el reverso invisible de la verdad, en aquel silencio eléctrico de sal vimos un resto de luna apagarse en su viaje por el perímetro del agua. ¿Dónde el origen? ¿En la estrella o en su reflejo clandestino? Y callabas en el escarceo moribundo de la ola. La distancia entre el agua y la luna será siempre el maullido de un gato, la medida gatuna del mundo. El lomo erizado que funda el tiempo antes del mar. Tu cuerpo devuelto por la marea y el naufragio. Primer tallo de la primavera y, luego, cobre necio de la hoja, tumulto de la ciudad en donde las ramas piaban como tigres alados, y el viento azotaba al mundo dentro del aire. ¿Eras el invierno con el agua en el cuerpo, veneno cóncavo en la pupila, fogonazo de algún dios olvidado donde tu piel halló su medida? Sin la metafísica del miedo, siempre estuviste abierta al mundo y nos dijimos tanto, pero al final fue tan poco lo vuelto a vivir sin las maneras tuyas, fugitivas y tiernas siempre, dolosas en el preámbulo de la fuga. Un campo extenso de abedules se densifica en el tiempo y en el origen. La sábana abierta del frío como un dolor ártico y temperamental, entonces.

El viaje

21

Hube de soltar los caballos de la locura, grabar el puño en la pared del aire, captar los pájaros duchos en la muerte. Hube de seguir el hilo de tinta que conducía hasta el primer hombre salvaje a su alma dura de animal sabio. De armarme con las letras torcidas para penetrar el hielo trágico de la memoria. Afirmar la duda que niega su perfecta divinidad y renuncia al misterio de quién es. Hube de soltar la fauna de lo oscuro y no entregar la piel a los dioses inútiles, darme a la resaca del amor para ganarle a la vida una o dos partidas. Hube de contaminar la sangre de algún virus nocturno, dejarla caer en la tempestad de perros desbocados, extraerle al ciclo de la derrota un breve rayo de sol.

22

Es la sombra irreconocible frente al espejo que define secretamente la fórmula del ojo; el ángulo convexo de la cara. Es el gramo de aire deglutido que cae en el espacio en blanco de la página, en las instancias del sueño y de la sangre. Es el párrafo apretado y sin palabras que no agita, no hiere. Es la muerte que asoma sin ningún pudor y farfulla entre el polvo de los libros. La mancha que aparece en el aire secreto del pulmón. La protuberancia inexplicable en el plexo del día. Son los indicios, las huellas imprecisas sobre la arena fina del pasado que se extiende como una sombra hacia atrás. La muerte es la caverna dentada que devora los objetos, las manías, las mujeres, los vicios, las noches, que deja el presente en metáfora de niebla. Son las luchas efímeras por el amor, perdidas y ganadas al unísono y el mar que hace su áspera pregunta. La muerte; ese otro que desplaza y golpea para ocupar la forma del frío que toma la mano que toca el tembloroso sonido del espejo. La muerte es el animal autófago devorador de la imagen sin luna; orgía pugnaz que ingiere desde dentro el corazón hacia fuera, hacia alguna luz tardía. Es el gusano muerto de la risa que roe el borde del alma y se esfuma en lo blando para quedarse con su imagen y su doble: su árbol y su penumbra; entre el olvido y la alimaña. Es el leopardo diluido en luz que lo deshace. La muerte. El otro que no recuerda al otro que fue y que afirma su negación: eso, lo que va quedando. La imposible transfiguración de la mariposa en vuelo o en nostalgia. El ojo miope de la memoria. El ya no más. El hasta aquí… La muerte.

23

El presente fluye por algo que había sido campo, cielo, sueño, duda, hambre, perro, espejo sin ojo, conversación sin fin, licor grave junto al relevo de todo y de todos. Nos salva la muerte. Su voz de tabaco rancio y manos sucias; su brandy sibilino. La muerte. Un invento. Un truco como la nada, como el anverso del reverso de dios, tras anterior al útero, posterior al vacío. Nudo amniótico y cóncavo, donde crece una palmera y un cigoto vivirá la para el caos.

24

Caminé por el camino paralelo a la niebla y me adentré en aquel terreno tomado por la muerte. Muchos cayeron heridos por los monstruos salidos de su espejo, por los cíclopes que habitaban su alma multiforme. Era ya tarde cuando el corazón les dejó de latir y el frío vertiginoso de la bala atravesó su aliento. Fueron muchos los caídos que velamos en el silencio. Pero seguían las mismas preguntas encalladas cerca del pecho, cerca de la aurora, cerca de los silencios densos que se ahogaban torpes, opacos como una voz gangosa.

25

Estuve en el sótano angosto del ministerio, iluminado por el fluorescente moribundo, atestado de expedientes apilados sobre sillas y anaqueles. Ordené miles de hojas, folios, legajos, escritos con la jerga administrativa por fecha de caducidad y muerte (compra de materiales para limpieza a la empresa Pinos S.A; se hace una colecta para comprar víveres para los damnificados del rio Reventazón; se invita a todo el personal del Ministerio para la fiesta de Navidad, diciembre de 1978). Me hundí en aquel cementerio de papel en el centro de la capital, como el oficio primerizo al que hube de asirme como una tabla en un mar agitado para no dar por perdidas las primeras horas de la vida o lo que se creía era la vida. Y los minutos iban pasando por las manos de prestidigitador para llenarlas de tinta maldita. Folios amarillos manchados por la humedad que dejaba una orla de moho en las esquinas del tiempo muerto que llegaban hasta el corazón de los trámites, solicitudes, jubilaciones, vacaciones, aniversarios. Y yo ahí, flaco y de corbata negra. Penetré las edades geológicas del ministerio, vi las fotografías de hombres y de mujeres devorados por la edad y el tiempo (se nombra a Marisela Rodríguez como secretaria. De 24 años. Se hace constar que es bachiller y cumple con los requisitos que establece la ley… El Departamento felicita a Marisela por haber dado a luz su primer hijo y le desea mucha felicidad junto a su esposo... Se declara la jubilación de Marisela Rodríguez a la edad 59 años, se le desea un feliz retiro... Se avisa a los excompañeros de Marisela Rodríguez que mañana serán los funerales en la capilla de velación de la iglesia de Coronado, junio de 1978. Se procede a incorporar en la nómina del ministerio al señor Eduardo Rojas Sánchez en el puesto de guarda de seguridad oriundo de la zona de los Santos... El Departamento de Recursos Humanos procede a tramitar la jubilación del señor Eduardo Rojas Sánchez para el mes de noviembre de año 1975... Se informa a los compañeros el fallecimiento del señor Rojas Sánchez; sus funerales se efectuaron en la iglesia del cantón de Acosta: el Departamento de Seguridad del Ministerio le desea a su familia paz, fortaleza y resignación). Escritos a máquina y pasados a esténcil en letra legible, clara, negra, fuerte, Smith-Corona de acero, que hollaba el papel con su m, ñ y ll duras y definitivas. Y luego hurgar en las cajas anchas (1980–1985) llenas de documentos con frases breves, sagaces, escritas en IBM con su paso rápido sobre el papel como guiños de electricidad y tinta. ¿Era esto la vida? ¿El silencio infinito en el sótano de un ministerio sumergido en una luz lechosa? Fuera de las cuatro paredes del aire mórbido, la vida fluía entre el smog y la lluvia obsesiva atropellaba las palabras y los sentidos, desacomodaba el tiempo y lo volvía a ordenar en gradaciones de sinrazón y cerveza helada.

26

Hice la fila del bus con el sabor de la resaca de la noche anterior, junto a oficinistas, secretarias perfumadas y obreros metalúrgicos de bigote duro y manos gruesas. Oí la ciudad que empezaba a gemir en plena década de los ochentas con sus buses Thames y sus carros japoneses cargados de niños pálidos y húmedos. Subí al bus para abrir el libro en la página donde Jorge Luis Borges camina por la ciudad de Buenos Aires y ve la penumbra secreta creada por la luz de la tarde y me hacía a esa penumbra para protegerme del día que apenas empezaba como un castigo sobre el cuerpo. La poesía me permitía resistir el fuego de la realidad que ardía todos los días en la página del periódico (la contra alista su ofensiva cerca del río San Juan). La guerra que vi de niño continuaba en la mañana laboral entre obreros metalúrgicos y la sección deportiva de la década perdida. La crisis volvía a llenar las pupilas de tinta roja y de duda. Me fundí en la mancha anónima y la laboral que respiraba todavía adormilada, y yo asido a una biblioteca infinita que el poeta argentino asimilaba al universo y a un libro que son todos los libros y, a una esfera cuyo centro está en todas partes y su circunferencia en ninguna, para remitirme a una imagen vulgar ubicada en el sótano de la oficina pública. El día golpeaba fuera del bus y la vida recordaba que una cosa es la realidad y otra la realidad alterada de los sueños. Y esa sensación de isla en el centro del paladar crecía con los minutos y, se alzaba para penetrar la piel y abrir ese hoyo que acrecentaba la sensación de impotencia. ¿Quién soy? ¿Quién soy? ¿Quién soy? Un burócrata entre papeles amarillos y el tedio húmedo de un sótano... Pero la poesía era la trinchera frente al desamparo. Tronco de algo en medio de la nada. Reconciliación con el absoluto y el vacío.

27

San José 1985. Iba de cacería junto con la fauna ministerial el día de pago burocrático, con la señal de Caín en la frente y las ganas de beberme la noche. Escribí en servilletas poemas turbios y alambicados para atrapar a alguna dulce fiera sentada en otra mesa del bullicio. Recorrí la ciudad a pie a través de los círculos confusos del aire: la Embajada, El Romeral y, luego, iba a algún barbuhardilla donde se podía ver un trozo de cielo con perros opalescentes en una ciudad magnifica y pobre. Aplaudí a la veterana de piernas gruesas y cara esperpéntica bajo las luces mórbidas de un night club. Recalé en una casa con mujeres vírgenes y jóvenes —eso decían— y me desvestí torpemente con el olor a tabaco y a fritanga en el cuerpo, frente a aquella mujer que me insistía: «una prima me trajo porque antes yo criaba terneros. Mis papas no saben nada, creen que trabajo en una tienda» y su voz quebrada y el boscaje de su sexo aún duro, donde cabía toda la ternura y toda la verdad del mundo. Visité los Condes y más tarde Key Largo, que ardía de gringos en sandalias y las mujeres con el hielo negro de la cocaína en las pupilas. Me sumí en el interminable debate de si Cortázar o Borges. Borges es un bibliotecario y el Cortázar es parisino. Borges es un viejo con olor a moho y Cortázar es un heredero de las vanguardias. Borges es un fama y Cortázar un Cronopio. Pero Borges es un genio y Cortázar no. Y luego recorrí las calles nuevamente húmedas entre otras sombras que se escurrían en la misma travesía dolosa y nocturna. San José, 1986. La ciudad duerme con el color verde de la aldea y el fuego de artificio de un sueño delirante. Doblé una esquina sobre la ruta de los tiempos nuevos. Me abrí paso entre una enorme boca que devoraba palmo a palmo a diletantes, a insumisos, las ensenadas donde era posible acampar bajo la rebeldía. Vi a los muertos derivando hacia los cuartos oscuros. Sus cuerpos, sus sombras, sus cadáveres ambulantes. San José, 1987. El todo y la nada se demoraban en la larga noche con lluvia. Se alojaban entre la curvatura del frío y el silencio de los minutos posteriores al coito.

28

Lo que ve dentro de sí es una multitud de espejos, escombros de luz, destellos de oscuridad. Otras veces ve sombras torpes o un cuarto vacío, donde alguna vez estuvo con una mujer y doce libros. El tiempo o la vida no lo dotó para captar un ápice de sí, pese a que repitió una y otra vez la trama del engaño que urdía los errores como adornos o sonidos conocidos. Siempre fue fiel a su efímera manía del placer, pero no del amor. Esa palabra extranjera, ese pájaro de fondo que lo visitara por las tardes y que no dejaba entrar. Ahora la misma pregunta le golpeaba la ventana sin un indicio o prueba ínfima en la memoria de quién es el desconocido visto en el espejo. Heráclito y su axioma, fluente transgredido hasta el asco, entró y salió del mismo río sin tocar el agua o eso le pareció. No acuñó el precio de la vida y su mordiente eléctrica sobre la piel. Resistió el ácido de la soledad, sus cabos sueltos, los vicios agudos del silencio, la palabra frívola que declinaba hacia su extinción. Prescindió de un cuerpo amable para no hollar la arena de la playa juntos y no morir al unísono. Fue un lince para escapar por algún paraje inédito del ser ¿Quién era entonces? ¿No había acumulado los años para responder esa pregunta con habilidad y contundencia? El olvido, ese artilugio para no desentrañar el enigma, pese al camino transcurrido por las diversas estirpes de la noche, en el reflejo del pozo: espejo noctámbulo y apátrida, donde pudo verse reflejado de paso. ¿No había sido todo una indagatoria necia para hallar siquiera un esbozo? ¿Qué pudo apreciar de sí durante el tráfago del sueño y la terrible pesadilla sino ganar incertidumbre? Ahora, cuando el tiempo empezaba a anticipar a la muerte y el otro debajo de la piel asoma sus ojos de luna fantasmagórica acentuaba la multiplicación geométrica de la duda y del frío. Era él unas veces perro manso listo para la caricia, y otras, mano criminal. Unas veces luciérnaga hinchada de luz y otras, maldad vestida de frac. Y siempre el soliloquio entre pocas luces, quizá la poesía —casi nunca— que atrapaba las sombras como hojas entumecidas por la dicha que vislumbraba algo en los ojos. La huella de sí mismo vista hacia dentro, como una visión que no decía nada. La misma pregunta y la inútil búsqueda cuando no quedaba huella de aquel niño que fue y lo transitorio empezaba a ser desconocido: niño-adulto-viejo, espejo del ahora y abrupto abismo de la noche ¿Quién soy? Sombra, ruido, mosca, presunción y penumbra, engaño cotidiano entre la multitud y el silencio, llama doble como el llanto, jugándose la suerte en una batalla que ganará el olvido. El rostro implacable que narciso ya no recuerda, efímero hallazgo, mármol decadente y su respiración de polvo ¿Quién soy? La respuesta que dará la muerte. La verdad inexpugnable del aire. La alimaña que se comerá el pájaro y continuará la pregunta entre las ramas de algún árbol. ¿Quién soy? Eso, un pájaro que silba entre el esmog y el bullicio de un parque.

29

Deambulé por frías noches donde cabían todas las noches. Por las duras esquinas del corazón donde amé muriendo un poco. La vida era un cúmulo de promesas en las que no creía. Un silencio tan largo como el cuerpo de una mujer que busqué en la otra parte de su soledad. La manera de atenuar el silencio con más silencio. Fui afilador de consignas, redactor de poemas largos entre cientos de papeles perdidos. Se iba por el desagüe el sueño de las mariposas parcamente hermosos. Sí, es cierto. El círculo de amigos giraba sobre su eje a punto de extinguirse y todos a su vida, a su mundo, a lo suyo. Una hoja de vida como un recuento de trabajos efímeros entre rincones de cerveza tibia y mal salario. Recorrí el trecho que había entre la poca cordura y el acto de perderla. Con el humo del cigarro sobre el telón oscuro del cuarto dibujé círculos en el aire, un girasol expandido, la cara de un viejo y las preguntas siempre seguras y confiadas ¿De qué servía Marx en los fondos de un oscuro ministerio? Y afuera el cielo gris de los últimos ochentas bajo una lluvia incomprensible. A la basura el viejo traje de mago encantador, las soflamas, los dominios de la razón dialéctica. ¡Había que estar desnudo ahora más que nunca de lírica!

30

Moría el sueño de la razón y los peces arborescentes boqueaban en la superficie del día. Moría la euforia de la masa con sus banderas y sus consignas en el largo domingo sin carros, sin sonido, sin pájaros. Resentía un tabaco insípido y solitario en la boca. Vi a Marcuse junto a Ingenieros y a Marx reclinado en Whitman; moribundos, sin decirse nada. Sentí el hueco denso de la noche abriéndose sin reparo. Y la lluvia que golpeaba sobre abril o junio, mientras continuaba la peregrinación por cuartos, habitaciones díscolas, hediondas a humedad y bajo precio. Sobre aquello que llamaban destino puse una piedra, un kilo de plomo, la indiferencia, la nada pesando sobre la nada. Para que todo se hundiera y me dejara un pájaro hondo por donde se pudiera volar sin ser visto. Pero no fue posible aventar el insaciable paso del tiempo por la ventana. En la televisión no se terminaba de caer aquel pedazo de acero y de cemento: el muro que uniera o desuniera y por el que entraba ahora una luz implacable para calcinar el murmullo del viento. Lo que había ya detrás del aire y todos los poemas.

31

Opuse al espejo otra cara y otro cuerpo. Casi cedí a la tentación de huir sin saber hacia qué o hacia dónde. La realidad me goleaba en la boca del sueño y del hambre. Me parecía cada vez más al tío o al padre escaso de pelo. Los libros se rebelaban a salir de mis manos. Quevedo con una mancha en el ojo y una risa oscurecida. Góngora entre monástico y barroco me veía desde cuatro tablas viejas. Vallejo, Paz, Machado, Debravo observaban el movimiento de las manos para deshacerse de lo poco que la noche proveyera. Iba a donde concurrían solo un puñado de disconformes que parecían alejarse en el tiempo. Allí la cerveza sabía dulce y la nostalgia era el rincón de los parias. Izaba la bandera frente los últimos acontecimientos satelitales y la diáspora de polvo de un muro que se caía a miles de kilómetros de distancia. Iba a la caverna donde encallaban siempre los que se resistían a cambiar. Los rebeldes a dejar de ver el cielo a través de los ojos de un niño.

32

Los estertores de los últimos ochentas. Los latigazos del muerto o los coletazos de un vivo. Los últimos golpes sobre las arengas y las purgas. Se venía abajo una realidad ordenada en las consigas de los bares y en las fraternidades etílicas. Los últimos ochentas. La resaca de lo que venía atrás o de lo que nadie podría imaginar por delante. Demolía las certezas, las barricadas, los ríos de tinta edificados sobre la espuma de cerveza. La aurora del hombre nuevo y toda su sintaxis de café negro y ron Habana se derramaba por los caños de la historia. El tiempo roía desde abajo las altas murallas edificadas en una larga ciega noche del frío.

33

Frecuenté los lugares improvisados donde la pasión tutelar izó la bandera del desencanto.

Celebré con vasos cargados de vino o ron nicaragüense el fuego de la vida. Abracé la puesta en marcha de alguna idea entre fumarolas de tabaco rancio y una mujer sifilítica. La paz, la guerra, un nuevo Vietnam, la muerte, Centro América ¡qué mierda! En medio de polémicas mordidas de rabia y de euforia, amé el cuerpo de aquella diletante de ojos pardos. Llegada de improviso a la esquina del bar. Su conversación ligera, su risa inocente, su arrojo y su huida. Los viajes por México, Panamá, El salvador y Nicaragua. Las lecciones aprendidas con dirigentes de chamarra militar y botas campesinas. Su amor para leer las líneas de la mano o recitar a Neruda estalinista. Cuba… Cuba… Silvio, Viglietti, Sosa. Todo un fardo de apreciaciones minuciosas sobre la guerra de guerrillas en el sueño o la oscuridad de cualquier habitación clandestina, mientras fumábamos con el vigor del que acaba o empieza una pesadilla. La vi irse de la habitación ligera de luz como de ropa; caminar en puntas sobre el terreno minado de la vida, en fuga hacia no sabe qué punto extremo de sí misma.

34

Un nombre de mujer no es cualquier nombre: unos ojos, una boca, una luz, unas manos, una ráfaga de cuerpo y saliva en una noche con lluvia. El vino limpio que arde como un mar de oscuridad y de libros usados. Una iluminación caprichosa del alcohol, una carne errabunda. Unos labios veteranos, una temporada en el invierno más frío del calendario. El rugido del tiempo y de la muerte. Una tromba, un erizo de mar, una tempestad al borde la cama, una palabra secreta y venenosa. Todos los pájaros del mundo. Un nombre de mujer no es cualquier nombre; es una transa con la muerte, un olvido completamente lleno, una equivocación abrupta del amor y, luego, más tarde, el aire solitario que empieza a empotrarse en el pecho, en las manos, en la boca, en la habitación clara de humedad y de olvido. Y siempre el hueco ciego en el techo que dejaba pasar el maullido del gato y la luna de 1987.

35

Una mujer me espera sin tocar el aire con la sonrisa en los ojos y aquel sabor a tabaco en la boca. Cerca o distante, posible o imaginada en las gradas de la noche. Regresaba de convulsos paraísos, de camas inestables y de sueños caldeados. Ella, herida de ternuras espera a que no le pregunte el porqué de su fuga por el chorro de luz aquella noche larga y nebulosa, en el momento propicio en que la duda se expandía para anular el pasado. Y aparece de nuevo, entre las formas densas del humo, sin otra verdad que la suya para darme de beber de su marasmo y de su obligo. Redimía mi cuerpo con la pericia para producir el delirio y herir el amor entre las sábanas de la noche. Ella, la única prueba de la existencia de «dios». Dura navaja sobre el filo del sexo. Avalancha, socavón del falo. Bestia turbia sobre la arena del deseo. No le pregunté cómo, cuándo o porqué se esfumaría de nuevo hacia la próxima revolución de su cuerpo. México, Nicaragua, Cuba o Colombia. La bruma del misterio en un cuarto pequeño por donde se filtraba una vez más, la luz de la luna y el ruido de los gatos.

36

Solo frente al mar de las contradicciones. Frente a la suma de los errores como verdades de plomo que sentía en las ganas, en el cuerpo, en la derrota elegida como defensa frente a la parodia absurda del mundo. Y las mujeres sucediéndose unas a otras como flores de la amnesia: rebeldes, pálidas, oscuras, breves, invisibles, angelicales y demoníacas a un tiempo. Me dejaron su herida, una gota de su saliva, el sonido de unos ojos, el débil escorzo recortado por el olvido, sus pasos o la nada, el delirio de su sueño, su pubis duro, que me salvaron de la muerte secreta en la penumbra de un cuarto. Solo el milagro de la memoria me puede dar una forma total, un nombre absoluto y equívoco ¿Dónde estarán? Inacabadas. Siempre haciéndose como un rayo de la memoria, como una luz que todavía quema.

37

Éramos tan pocos y hubo mensajeros que invitaban a rendirse, que atravesaban los cuerpos y los tatuaban con el miedo y su veneno. Hubo que salir en busca alguna verdad y hallarla en el ojo de la anfetamina, en los pájaros que unían el vuelo con la duda, en la parábola del mal y su antípoda, en el agrio despertar de la nada. Detrás de la lluvia se oía la consigna que llegaba desde los centros metálicos del mundo: "blandir la cabeza del otro como trofeo de caza".

38

Continué la promiscua peregrinación por cuartos, estaciones imaginarias, calles sin salida, donde la sinrazón se curtía de alcohol y de algunos otros metales esquizoides para amansar el tráfago de luces anacrónicas donde el cuerpo alcanzaba el vértigo al pie de la letra. Estuve con la tribu de exiliados de Guatemala y El Salvador, expulsados por las guerras del cuerpo y del alma, que peleaban contra sí mismos y contra algún tiranuelo hinchado en la memoria. Oí sus palabras contra la amnesia que obligaba la sobrevivencia. Llegué a hermanarme con aquellos animales expulsados de los límites de lo prohibido —con el odio tatuado en el odio— y vi en sus ojos el acto heroico de fragmentarse en noches interminables de ideología y muerte. Esa sed por diluirse hasta el paroxismo, en algún paraíso atizado por la alucinación y la sensación de que todo se venía abajo.

39

Las respiré en el aire frío de la madrugada. Las tomé del cuello como a la desilusión. Las imaginé pasar con mirada larga y piernas duras. Las sentí golpear, callar, guardar silencio acostadas al lado, tramando algún poema o marejada de caballos borrachos. Las imaginé descolgarse como aves de rapiña sobre el día y acuchillar por detrás con mano cobarde. Las oí brincar por encima de Rimbaud o de Camus para explicar las revoluciones de la primavera y del exceso. Las oí como ordalía de caimanes en la temperatura del hambre. Me fui con ellas de paseo y me perdí por las marismas de la sinrazón. Las vi exigirle al sueño su vigilia. Encontré sus secretos entre las sábanas y unos muslos duros. Las sentí sobre el techo como gatos violentos, en el temblor de la luna, en las sillas sobre las mesas que marcaban el fin de la madrugada. Las sentí entre los bastardos ruidos del tedio y de la sombra. Las presentí en la barca que se hunde y en el pez que sueña con el náufrago voraz. Las vi punzar la panza del tirano, izar las banderas de la vida, agitar el tufo del aire maldito. Las oí lanzarse desde los balcones y disparar desde las barricadas. Las imaginé fundar un territorio más allá del sentido, alucinadas, donde pájaro se dijera silla, luna se dijera lunes, perro se dijera amor, tiempo se dijera piel, tarde se dijera libro, cárcel se dijera agosto, lluvia se dijera martes, noviembre se dijera aire, bicicleta se dijera río, semana se dijera universo, muerte se dijera nada, árbol se dijera rayo, viento se dijera libro, distancia se dijera sueño, risa se dijera fuego, tarde se dijera siempre. Para cantar siempre la primavera llega tarde o el árbol llueve de infinito agosto o se abre el rayo en dos para leer el mundo.

Después del naufragio

40

Me aparté de los fuegos fatuos de la militancia para entender la seductora verdad de la carne. ¿Cómo ordenar a los hombres por números, gradaciones, lealtades, dogmas? Un cuerpo, una espalda, la dureza de la vida como sucesión de cuartos breves, pensiones húmedas, días con hambre. El eros quebró la sal pétrea del logos. Aquel cuerpo femenino se desplazó por el aire, hizo del amor una flor paradójica y se impuso sobre las directrices, las pugnas, mis dudas; siempre ella misma y siempre dulce. Entre las letras torcidas de la equivocación y de la locura. Aquel cuerpo de ojos felinos, cruda luz de río jaspeado sostenía toda la mentira y la verdad del mundo.

41

Caminé sobre la fluctuante línea que divide la claridad de la noche y recibí el embate de la sinrazón más seductora. Recordé el melancólico cuerpo de alguna mujer que me enseñó la poesía a destajo, desnuda de golpe con su métrica de vino absurdo. ¿Cuánto diera por retornar a aquellas buhardillas de escaso aire, bajo la recurrente luz del amanecer, entre el licor de la víspera y el tabaco amargo de la despedida? Pero preferí la cordura como un pez hinchado. La larga noche quieto entre la nada y el sueño. Me mantuve en la línea neutra de la vida aferrado a dos o tres razones más allá de su torpeza maloliente. Perseveré cuando la locura rondaba con sus pies descalzos y los pechos al aire, con ganas de ahogar todo desconsuelo y el más leve ruido de la ciudad confusa. ¿Sumirme en el íntimo sexo de las palabras como una droga dura y verdadera? Añoré no estar más ahí para que el tiempo no tocara los viejos espejos. Metí la mano hasta al fondo como se caza un pez invisible que dibuja su pregunta en el aire como mariposa enferma. ¿Cómo sostenerme en la línea de la cordura si la locura hería desde temprano, tocaba la puerta para tomar el último trago entre recuerdos oxidados? Siempre la tentación de claudicar que mellaba la ropa, el hueso, las indicaciones de la rutina que herían las telas frías de la madrugada ¿Sobre qué balcón piensas cuando no piensas, y caes junto a los escasos restos del recuerdo? ¿Hacia qué vuelves los ojos para hallar un esbozo de mi sombra entre los libros? Puede más la vida que la muerte, si la muerte no llega antes con su irresistible paso de metal sobre el agua y todo arde entre el sueño. Me mantuve en la línea que divide la noche de su arbitrio, amagué la soledad y no me rendí ante su equivoca nada. La oí caminar por la casa sobreviviendo a sus achaques, a sus caprichos de niña rica y demente. Heme aquí, entonces, limpio, sobrio, quieto, muerto, en el interminable desconsuelo de la cordura, entre alcoholes huidos sin probar, sin el olor cálido del sexo en la punta del aliento.

42

Fui más allá de los ángeles torcidos y promiscuos. Más allá de la poesía nauseabunda que decía loas a las moscas. ¿Qué derecho hubo de imponer al mundo mi odioso entendimiento? ¿En cargarlo como un clavel en la solapa como un dios muerto? ¿Cuál fue el mérito para dejar en la inaguantable soledad a quien me albergó en mi temporada en el infierno? ¿Cuál fue la razón para condenar a otras sombras débiles por los que apenas hice una torpe señal de agradecimiento? ¿De qué madera podrida estaba hecho? ¿Qué demonio travestido de niño pálido engañó a tantos por tanto tiempo? Y aquel predecible sopor de nubarrones de amarilla enfermedad, la hondonada de caimanes precisos en el oficio de la muerte dispuestos aplaudirme siempre mi maroma. Puse en la punta del día mi estandarte de engreída nostalgia para recibirla en la cama desnudo cerca del mecanismo que accionaba la vida como un pequeño demiurgo de la destrucción ¿Por qué hube de prestarle la soledad a la locura para que la llevara como un traje a la medida bajo la lluvia en habitaciones destartaladas, en el griterío de un bar descompuesto, en pleno mar agitado de la destrucción? Ya barco en despojo sobre el silencio estruendoso de la muerte ¿Qué estúpida manía hubo de hacerla consuelo, almohada, espuma espuria de cerveza esparcida en los rincones secretos del asco? Ir más allá de la locura (zumo de lirios noctámbulos) cómoda mortaja en donde encajaba perfecto el miedo y la cobardía de un pájaro vacío.

43

Hallé el poema en el nudo de humo del tabaco, en los ogros de humo negro metamorfoseados en nada, en el silencio que salía de la boca del humo, para dibujar sombras de humo lento. La encontré en la palabra que sigue el humo y se deshace como un fantasma en la cuerda floja, que balbucea tibias maromas de humo blanco y cae y deja círculos como un suicida tras su muerte. Y, después, atravieso el silencio de humo que se deshace en la voluta de un cuerpo, en el brazo que se abraza a otro para hallar el sabor oxidado del ron que me aturdía en la trastienda de aquel estrecho paraíso ¿Dónde estarás, más allá de los dos, entre errabundas historias y círculos breves del frío? Dije palabras gastadas hasta el hueso, leves hasta su sombra. ¿Qué tuvimos sino humo agradecido, pleno de casi todo? Como una historia de humo que recordaríamos apenas, hijos de la incerteza contra la luz de la equivocación, el vicio de la alegría. Solo el humo de esta tarde nos ampara, jóvenes y veteranos.

44

Alguna vez me preguntaste con mirada inquieta por qué tantas palabras equivocadas, y te contesté con el repiqueteo del pájaro en el vidrio que busca al otro pájaro cuando escribe y lo que ve es el sonido hueco de sí mismo. Y aparecés como la soledad que se acuesta con todos y me acercás la voz al oído y me preguntás si me has dejado de doler, de apesadumbrar y, te ignoro oblicuamente como el fantasma que ya sos. Dejo entonces que la polilla cruce el aire cerca de la lámpara, que vuele precaria frente a mí con su vuelo torpe. Bajo el farol de la tarde te logro ver desnuda y te recuerdo con los ojos claros, mientras dejabas a mis manos, alevosas y espurias, tocarte por última vez.

45

No es que te vea de espaldas más ancha de tiempo y de caderas con los ojos lentos o te someta al juego de la memoria. No es que quiera saber si duermes de espaldas con cara de niña triste, o si nos une la misma desazón frente al mundo. No es que quiera sentir en las manos la desajustada piel de tu amor y la veintena de años que agitabas como garra violenta y ociosa. O que quiera tomar la vida por sorpresa como un pez frío para lanzarla a la desembocadura de los días, con su traje laboral y su tedio, y gastar el tiempo que nos falta caminando al filo del hambre. Como antes. Pero nos divide una larga fila de los que esperan llegar a la hora exacta y te perdés como un sueño entre la tarde y los pasajeros.

46

Escribí de los animales de la noche camino del sueño y del hambre. Escribí del goce y de la timidez a tocar un cuerpo desnudo, de la pureza sin ley de una boca y de unas manos alucinadas. Escribí del crimen que no vi en las ciudades del sur y del centro del aire, de esa sífilis que carcome las paredes y el sexo de las niñas como ráfaga de espanto. Escribí de los parientes pobres, de su silencio obrero, de su razón de ser, entre máquinas y aceites-. Escribí de la mirada del hombre que se transforma en llanto de mujer. Hube de bajar a los infiernos, entregar el corazón a las palomas, a los perros con tiña. Subí hasta las azoteas para ver el cuerpo de la tarde arder, como el fuego que ardía entre los restos de un naufragio.

47

Hay un pájaro que bebe de la niebla y otro que fagocita palabras inexplicables. Hay un pájaro que desarma el rito de la muerte y otro que bebe del espejo del aire. Dos pájaros o el mismo que pía lento y traga la voz del que grita bajo y hondo, en la noche que hiere de escorpiones y de agua dura. Tu fiebre limpia, tu fiebre de metal mínimo que escasea entre amapolas, entre las manos que apenas rozo con los labios. En la marea estás, en la marea, bandera alzada en el sueño, espina luego en la sombra. Qué difícil querer en versos inconstantes, en la débil sombra del deseo, en la noche grave de tu boca leve y pez desnudo. Te logro ver quieta en la hoja que circunvala y cae a medio hacer, en el escorzo del rayo que el ojo resuelve en penumbra y responde sin fisura. Solo la muerte nos amparará. La muerte… desnudos y turbios.

48

Lentas huías por los huesos, por la sombra, por el ojo de la duda te ibas. Dejabas la claridad del día vibrando en árbol crecido hacia abajo, hacia el hondo secreto de lo negro. Breve de aire te ibas con sudor escaso y metafísico, detrás de las burbujas del licor que dibujaba un mundo lento a tu favor. Ave siempre de paso y yo inexistente casi. Me llevabas fuera de la vida donde las calles ardían en ruidos raros. Escasa de palabras te ibas. Detrás de ti mi sombra; detrás de la sombra, el niño que temblaba o tiembla. Ese que soy detrás de las pupilas, trozo de insomnio, bote sin remos que no empuja, que no cede, que resiste el flujo de la marea. Muerte abajo me detengo, me detienes, presente estoy junto al pan y la noche. Agua derramada, agua en las avenidas, en el borde órfico de la nube; agua, agua que no duerme, sin alas agua, detenida en mar inverso, en pájaro hacia atrás que rompe el mundo, que quiebra el hábitat donde tu cuerpo verdea junto a la memoria torpe de mi mano. Cristalino atropello de la carne que avanza, efigie de monte o lago, y ahí me veo, amor, entre tus piernas, limpio, distante niño, frente a la ventana en que no estás.

49

Cómo pesa en mí tu vientre. Todo en mí tu vientre. Nudo moreno que empezó en la punta del seno y terminó en la forma exacta de mi boca. Eras vestigio para entonces, como ahora, puente entre el silencio y la nada, vaso que olvidé en alguna ventana que se pierde en la grisura del río y la memoria.

50

Nadie intuye el sonido de la catástrofe a escasos metros del sueño. Era imposible prever las hordas invisibles de la historia derribando murallas, tiempos, dogmas, tribus partidos, bandos, núcleos y comités. Cómo prever el silencio que se impondría en las mesas de bares y los lugares propios para el amor y el deseo. El silencio impuesto en las bocas y las palabras arrasaría las colmenas donde las abejas tramaban su revuelta de miel y primavera. El silencio como ley de hierro decretado por la nueva religión del éxito. El silencio como marca en la frente que sellaba los labios y quemaba las retinas, para que el tiempo girara en tiempo muerto, entre el viento oxidado de la nueva historia.

51

Tabaco negro del horror, oscura punzada en las pupilas, la cifra de los días y las horas habían empezado a podrirse. Eran las noches etílicas sin fondo que caían por los pasadizos desérticos del aire. Ahí estaba la baraúnda de náufragos encallados detrás de su marasmo. Las castas del éxito rugían desde las tribunas periodísticas y, en el entreacto, el párpado de la historia subía para dejar rincones repletos de colillas, restos de conversaciones repetidas, papeles de la ideología rotos. La usura —¡oh Ezra Pound— el frío de la máxima rentabilidad, la nueva sal de la tierra, los pájaros de la utopía muertos, desaparecidos, idos, inmersos en el largo y profundo mea culpa. Entre las barricadas del dolor, la piel se hizo mar y asesinato en la sombra. Enterrar los ojos, la lengua, las entrañas: cualquier señal que viniera del pasado. Y aquella resaca que empezaba a sentirse entre los acantilados del día. Felices años ochenta.

52

¿Me tocaba quemar los barcos o quedarme a lanzar proclamas contra el viento? ¿Levantar el brazo, mojar el grito en la cerveza entre los escombros de lo nuevo? ¿Me tocaba cambiar o ahogarme con aquellos agitadores del amor? ¿No era un acto de cobardía huir de allí, rehusar a fundirme en el flujo del alcohol y no descorrer el velo indeseable de la realidad? ¿Cambiaban ellos o cambiaba yo? Ver en sus caras la señal del valor del que persevera en los sagrados mandamientos de la noche y ver en ellos lo humano llevado al extremo, para detener aquella luz desconocida que salía por el boquete que dejaba el muro. ¿Claudicaban ellos o renunciaba yo? He ahí el dilema sedimentado por siglos de tabaco y duermevela. Y la poesía con letras débiles y funerarias sobre un papel resistente a las confesiones, a la posibilidad de dos o tres maromas verbales, risibles. Señales del alma herida en largas horas bajo una luna indecible de un planeta pequeño y desterrado. El aire, el aire, el aire inflando palabras, tachaduras, respiros erróneos que no doblegaban el lento aplazamiento de un enojo que no llegó a la rabia. El sonido de la frustración que no reventaba en la ventana en mil pájaros opalescentes. Las verdades que apenas alcanzaron el color aciago de la consigna podrida.

Asco, asco, asco de sí mismo y del otro que pugnaba por salir de entre los cuartos añejos y de las palabras preñadas de un aire maldito.

53

Caminé por la Habana entre viejos que leían Granma y el agua de la historia corriendo ciega hacia su embocadura. En una plaza vi a cinco mulatos que jugaban a la pelota con dos palos y una bola de colores y ahí sus cuerpos al aire como varillas negras. Sobre la superficie del tiempo y bajo un sol heroico ¿Qué buscaba en la Habana? ¿La llama negra de la poesía, el ojo del huracán en lo alto de una pelvis, el vigor de una imagen contra el espanto? Busqué más allá de las vanguardias y de las consignas crecidas como un río barroco, la muerte de algún dios africano en los despojos de un naufragio. Cohabité su delirio, el exceso de la carne y de la luz, debajo del ciclo magistral de la vida. Caminé por Trocadero mientras el mar chillaba de rojo entre las piernas de la tarde allí donde Lezama repetía con voz gravosa Danza de la jerigonza entre el humo del tabaco y el café colado. Oí su voz de narciso gordo que dibujó sobre la arena del eros el sueño órfico en la espalda del caracol ¿Castigo del hombre, suplicio? Quizá la anémona secreta que crece y se disfraza en el misterio de la pesadilla. Vi entre los manteles largos de la niebla y el aire salino a Virgilio Piñera maldecir su isla mental, su cárcel de agua, su tortura de agua, donde vio los barcos alejarse de la bahía hacia la noche, sin escatimar su brutal ira para herir el gran vicio de la noche entre corceles de gruesas patas y adanes evanescentes ¿Qué buscaba en La Habana? ¿Matar a la medusa y rescatar a Andrómeda como Perseo sin saberlo? ¿O ver sobre la esfera de junio el mulo de Lezama caminar por las azoteas y brincar entre las cebras y las estrellas baldías de sal y un azul de hielo? Eso y nada. Lo ya ido, lo perdido, lo no encontrado desde antes de perderse. Su espejo y su imagen.

54

El pulso de mi padre agotándose como un moribundo río que se entrega al mar que es la noche. Mi padre: 80 años son pocos para haber amado y olvidado casi todo. ¿En qué momento muero?, dice, distante ya de mí y de sí. Solo esas ganas de tocar la piel de la mujer joven, que solivianta su carne más allá de su vigor. Pájaro viejo, denso muelle donde atraca la niebla de su nombre. Lo abandona el aire que roza la penumbra y el eco del último sueño. Le sobrevivirá el débil vahído del Big Bang, el silencio de la casa, absoluto. Mi padre no podrá verse más en el espejo, no oirá el sonido de la ciudad, los pájaros, no tocará la verdad profunda del árbol. Los ojos claros de mi padre, entre vestales de piernas infrecuentes y carnes duras. Allá, en su paraíso. En otra parte.

55

Cambié la piel de los ojos para darte un lugar en el mundo y dejarme vencer por esa temporada en el infierno. Ahora estás en las riberas de algún pueblo remoto con voz gravosa. Magdalena venida de otras tierras, pero con igual ofrecimiento, igual desdén por desertar luego sin ambages, con lo único puesto, apenas una luz meridional en la arena de algún desierto en la mochila de Túnez o de Marraquech. ¡Oh amor! Domadora de animales raros, tarde me das lo que me quitas en la graciosa temporada de la muerte. El amor llueve y aguijona siempre en las tardes, con el tiempo medianamente muerto que se multiplica en el espejo y el horror del mundo en esta rabia secreta, sin haberes para decir acólita palabra. No deserto con ojos de niño pálido a la audacia de otro viento, a otro desasosiego que borre de repente el lugar de donde soy, y tomo toda esta nostalgia encubridora, toda esta parafernalia de querubines y ángeles gordos hasta el centro de su paraíso sin aire, absurdo y melancólico para amar con el vigor del que vive su sobrevivencia. Del que empuña el resto del aire y lo guarda en la bolsa secreta del día.

56

Todo amor es arte de la fuga hacia ninguna parte o hacia el centro de la estación donde no hay recuerdos y un árbol mide la cuarta parte de lo que fue. La vida aparece desnuda, despojada de ruidos y se adivinan sus cavilaciones, sus miserias, sus miedos. Se aceptan sus improperios, sus desvaríos de vieja burda y ruin. La memoria, viejo cosmos, tentativa que inventa lo vivido, lugar donde la realidad se trueca en falacia ¿En qué orbe de la nada hay una casa, un tiempo, el ruido de los triciclos, las voces díscolas de todos? ¿Dónde el mar en que me ahogara? ¿El filo de la bala volviéndome fantasma? El pasado funda su reino, multiplica su fantasmagoría en el espejo. Todo desde antes de ser fue polvo, sombra anterior al sueño, donde el ojo adquiere su medida y su engaño.

57

Con un ojo veo el aire, el ciclo de la muerte, el pájaro que pía de viejo, que orina como un gato, que vibra como un ganso. Y con el otro ojo me veo, me escondo, me toco, me gasto, me espanto ciego, me nublo, me suplo de mal tiempo, de gas, de tormenta. Con el otro ojo veo lo que no oigo detrás de las palabras, me ausento, me drogo, me desubico, el cuerpo en franco declive, me espulgo, me atemorizo, de viejas rasquiñas, de viejas liendres me atemorizo de viento, le saco la lengua, lo agarro a patadas, no sin miedo le expongo, lo sueno, lo achico, lo aniño, lo espanto y con el otro ojo lo escarnio, lo aliso, lo hago arcoíris, sombra hueco valle bola, aire tímido. Lo vuelvo hasta el útero hasta la nada, lo transformo en aliento, en lágrima, en silencio, en tiempo, trueno, torvo, pez espada que penetra la noche de pechos graves y ojos lácteos. Con el otro ojo te veo, te sueño, te ninguneo, te olvido, te pongo a sufrir, a tractos, a aciagos turbios y secretos. Tus labios tenues y carnosos de tiempo, por debajo de la tarde ambos, secretos, tocándonos el tuétano, las manos, el tímpano, el tálamo, el cuerpo abajo húmedo. Me pierdo en la tarde del pasado, en los recovecos del cuerpo largo, me tardo, me esfumo, me ardo, me encierro, lento muero y recalo. Me subo de tono,

disparo de sueño, respondo con ansia con salsa.
Veo ciego alto, sin celo sin tiempo sin nada.
Golpeo duro al pecho sin hoy sin ahora.

58

El aullido del yo, fuente muda del verso que emana ciego. Vicio incurable de la razón que engaña la noche del alma y cumple su falacia. Grafía sucia de lo ya dicho. Los pormenores de un sueño trasanterior, fornicado por el glande de la noche, por la baba de un loco. ¿Qué otra luna dijera con nombre propio su impotencia… alguna palabra como el cadáver ampuloso del ruido? Eso que no pudimos decir y se le lo dejamos al fuego tocándonos las manos, la cara, la nada. Mejor la niebla —dijimos… Nos dijimos—. La hoja que se mueve sola, por puro capricho, agosto que moría en su sol imaginario, entre lo que se quiere decir y lo que se dice, la frenética pregunta que muge sola: ¿no será mejor que todo se quiebre y muera de una vez? El balbuceo que apenas gime fobias de humo, exceso de luz torpe y grafemas de aire. ¡Ah! si el poema soñara negándose y dejara una apariencia de movimiento en la ventana que se mueve como el pájaro que intuye al gusano, presa siempre, esclavo de su hambre, ¿Qué podría decir? La belleza está en la muerte, en la lógica persistente del día y de la flor.

59

La noche como aviso de humo y aceite bronco en la boca, casas tomadas por el canfín y la fritanga inmigrante, los ojos de la lluvia en los míos viendo vibrar el neón pobre de la vida: esa pequeña patria que valía menos que un mendrugo, y las cantinas con viejos de un solo ojo, borrachos y quietos, saboreando la noche en las manos, en el cuerpo, en el lento diluirse hacia la noche, y el mar, el mar ¿dónde quedaba el mar para verlo de frente, como nos veíamos desnudos en aquel cuarto pequeño de Tamarindo? Pensionados con hambre, barras con ruedas de cerveza vieja, mujeres hinchadas como palomas con tiña (perfume barato, tacón alto, cuello grueso, carne del Moulin Rouge, Alcázar o Pantera Rosa) en los pisos de arriba donde hedía una luz azulada, burócratas cirróticos de anteojos grasientos orinando la cerveza amarilla y ministerial, los resentimientos como rasquiña del odio, vieja lepra que no permitía la muerte por tedio o por ahogo, la aldea, la mierda rancia del ahogo y el tedio. ¿Dónde estaba el mar, la casa vieja donde nos quedábamos solos y livianos? Rugido de llantas, de vidrios quebrados, de jorobados recorriendo las riberas de la noche mística, entre los embates de la piedra y la muerte por encargo, los muertos, los negros, los últimos mariachis y los primeros traficantes con el sueño marcado en los billetes, la coca entrando por el seso, la muerte la muerte la muerte que vi en los ojos tuyos y los míos. Y el mar el mar el mar negro, rojo, blanco ¿Alguna vez existió? Blanco hueco el mar negro, relámpago contra oscuridad en las mesas solitarias de algún antro, hablándole a las sombras con moscas y a los fantasmas de humo salidos de la boca, degollando a los que cambiaron su fe por un plato de lentejas, ideólogos como perros viejos que el sacrificio reclutara entre los creyentes de una aurora que embaucó con su carnaza, he ahí el mar, el ancho mar, espejismo sin agua ni luz, sin gaviotas, girando en círculo en las antípodas de un aire sin peces, ruedas, motores rugiendo sobre la progenie obrera que atravesaba la ciudad por la tarde, hacia sus huesos heridos por máquinas que punzaban en el centro de la nada. Obreros de lunes a viernes, de siete a siete, salvados por el licor seco sobre la lengua, empujados por la mano invisible de la amnesia. Fue eso lo que vi por última vez en la cara de algún viento profundo de 1987, crecido hasta su cima, pirámide de luz que hería las grietas expandidas de la tarde, para no morir de tedio quedaba ahogarse entre el río de gente con bolsas y manzanas de las últimas rebajas sobre la Avenida Central.

Acerca del autor

Paúl Benavides (Heredia, Costa Rica, 1966). Sociólogo, escritor y poeta. Asesor del Departamento de Servicios Técnicos de la Asamblea Legislativa por 30 años. Asesor permanente en la Comisión de Especial Permante de Derechos Humanos (DDHH). Pasante en las Cortes Generales (Parlamento español, 2008). Profesor invitado en la UNA, en el Centro de Estudios Generales (2016 - 2019).

Ha publicado ensayo y artículos especializados en la Revista Parlamentaria de la Asamblea Legislativa de Costa Rica, así como en revistas especializadas de México y España.

He publicado en poesía: *Duelos Desiguales* (EUNED 2012), *Oficio de Ciegos* (Arboleda 2014), *Apuntes para un Náufrago* (Letra Maya 2017), *Áspera Noche* (Letra Maya 2019), así como *Los papeles de Chantall* (Editorial El Gato y la bruja, 2021), novela que recibió el Premio Nacional de Literatura, Aquileo J. Echeverría.

Su última publicación es Ciego de Noche (poesía reunida 2016 - 2023, Letra Maya Editorial).

Poemas suyos aparecen en la Revista de literatura Ágrafos, en la New York Poetry Review y en la Antología de poesía "Manchas de rojo sobre fondo blanco y azul. Antología de poesía costarricense 1980 – 2020" (Editorial Perro Azul, 2022).

Espera su publicación para el año 2025, la novela *La muerte de los otros* (en el país más feliz del mundo). Letra Maya Editorial.

ÍNDICE

Apuntes para un náufrago

Prólogo . 13

Una botella lanzada al mar

1 . 19
2 . 20
3 . 21
4 . 23
5 . 25
6 . 27
7 . 29
8 . 30
9 . 33
10 . 34
11 . 35
12 . 37
13 . 39
14 . 41
15 . 42
16 . 43
17 . 44
18 . 45
19 . 47
20 . 48

El viaje

21 . 53
22 . 54
23 . 56
24 . 57
25 . 58
26 . 60
27 . 62
28 . 64
29 . 66
30 . 67
31 . 68
32 . 69
33 . 70
34 . 71
35 . 72
36 . 73
37 . 74
38 . 75
39 . 76

Después del naufragio

40 . 83
41 . 84
42 . 86
43 . 88
44 . 89
45 . 90
46 . 91
47 . 92
48 . 93
49 . 94
50 . 95
51 . 96
52 . 97
53 . 99
54 . 101
55 . 102
56 . 103
57 . 104
58 . 106
59 . 107

Acerca del autor . 113

WILD MUSEUM
MUSEO SALVAJE
Latin American Poetry Collection
Homage to Olga Orozco (Argentina)

1
La imperfección del deseo
Adrián Cadavid

2
La sal de la locura / Le Sel de la folie
Fredy Yezzed

3
El idioma de los parques / The Language of the Parks
Marisa Russo

4
Los días de Ellwood
Manuel Adrián López

5
Los dictados del mar
William Velásquez Vásquez

6
Paisaje nihilista
Susan Campos Fonseca

7
La doncella sin manos
Magdalena Camargo Lemieszek

8
Disidencia
Katherine Medina Rondón

9
Danza de cuatro brazos
Silvia Siller

10
Carta de las mujeres de este país /
Letter from the Women of this Country
Fredy Yezzed

11
El año de la necesidad
Juan Carlos Olivas

12
El país de las palabras rotas / The Land of Broken Words
Juan Esteban Londoño

13
Versos vagabundos
Milton Fernández

14
Cerrar una ciudad
Santiago Grijalva

15
El rumor de las cosas
Linda Morales Caballero

16
La canción que me salva / The Song that Saves Me
Sergio Geese

17
El nombre del alba
Juan Suárez

18
Tarde en Manhattan
Karla Coreas

19
Un cuerpo negro / A Black Body
Lubi Prates

20
Sin lengua y otras imposibilidades dramáticas
Ely Rosa Zamora

21
*El diario inédito del filósofo vienés Ludwig Wittgenstein /
Le Journal Inédit Du Philosophe Viennois Ludwig Wittgenstein*
Fredy Yezzed

22
El rastro de la grulla / The Crane's Trail
Monthia Sancho

23
Un árbol cruza la ciudad / A Tree Crossing The City
Miguel Ángel Zapata

24
Las semillas del Muntú
Ashanti Dinah

25
Paracaidistas de Checoslovaquia
Eduardo Bechara Navratilova

26
Este permanecer en la tierra
Angélica Hoyos Guzmán

27
Tocadiscos
William Velásquez

28
*De cómo las aves pronuncian su dalia frente al cardo /
How the Birds Pronounce Their Dahlia Facing the Thistle*
Francisco Trejo

29
El escondite de los plagios / The Hideaway of Plagiarism
Luis Alberto Ambroggio

30
*Quiero morir en la belleza de un lirio /
I Want to Die of the Beauty of a Lily*
Francisco de Asís Fernández

31
La muerte tiene los días contados
Mario Meléndez

32
Sueño del insomnio / Dream of Insomnia
Isaac Goldemberg

33
La tempestad / The tempest
Francisco de Asís Fernández

34
Fiebre
Amarú Vanegas

35
63 poemas de amor a mi Simonetta Vespucci /
63 Love Poems to My Simonetta Vespucci
Francisco de Asís Fernández

36
Es polvo, es sombra, es nada
Mía Gallegos

37
Luminiscencia
Sebastián Miranda Brenes

38
Un animal el viento
William Velásquez

39
Historias del cielo / Heaven Stories
María Rosa Lojo

40
Pájaro mudo
Gustavo Arroyo

41
Conversación con Dylan Thomas
Waldo Leyva

42
Ciudad Gótica
Sean Salas

43
Salvo la sombra
Sofía Castillón

44
Prometeo encadenado / Prometheus Bound
Miguel Falquez Certain

45
Fosario
Carlos Villalobos

46
Theresia
Odeth Osorio Orduña

47
El cielo de la granja de sueños / Heaven's Garden of Dreams
Francisco de Asís Fernández

48
hombre de américa / man of the americas
Gustavo Gac-Artigas

49
Reino de palabras / Kingdom of Words
Gloria Gabuardi

50
Almas que buscan cuerpo
María Palitachi

51
Argolis
Roger Santivañez

52
Como la muerte de una vela
Hector Geager

53
El canto de los pájaros / Birdsong
Francisco de Asís Fernández

54
El jardinero efímero
Pedro López Adorno

55
The Fish o la otra Oda para la Urna Griega
Essaú Landa

56
Palabrero
Jesús Botaro

57
Murmullos del observador
Hector Geager

58
El nuevo gusano saltarín
Isaac Goldemberg

59
Tazón de polvo
Alfredo Trejos

60
Si miento sobre el abismo / If I Lie About the Abyss
Mónica Zepeda

61
Después de la lluvia / After the Rain
Yrene Santos

62
De plomo y pólvora. Poesía de una mente bipolar /
Of Lead and Gunpowder. Poetry of a Bipolar Mind
Jacqueline Loweree

*

New Era:
Wild Museum Collection & Arts
Featuring Contemporary Latin American Artists

63
Espiga entre los dientes
Carlos Calero
Cover Artist: Philipp Anaskin

POETRY COLLECTIONS

ADJOINING WALL
PARED CONTIGUA
Spaniard Poetry
Homage to María Victoria Atencia (Spain)

BARRACKS
CUARTEL
Poetry Awards
Homage to Clemencia Tariffa (Colombia)

BORDELANDS
LA FRONTERA
Hybrid Poetry
Homage to Gloria Anzaldúa (United States/Mexico)

CROSSING WATERS
CRUZANDO EL AGUA
Poetry in Translation (English to Spanish)
Homage to Sylvia Plath (United States)

DREAM EVE
VÍSPERA DEL SUEÑO
Hispanic American Poetry in USA
Homage to Aida Cartagena Portalatín (Dominican Republic)

FIRE'S JOURNEY
TRÁNSITO DE FUEGO
Central American and Mexican Poetry
Homage to Eunice Odio (Costa Rica)

INTO MY GARDEN
English Poetry
Homage to Emily Dickinson (United States)

I SURVIVE
SOBREVIVO
Social Poetry
Homage to Claribel Alegría (Nicaragua)

LIPS ON FIRE
LABIOS EN LLAMAS
Opera Prima
Homage to Lydia Dávila (Ecuador)

LIVE FIRE
VIVO FUEGO
Essential Ibero American Poetry
Homage to Concha Urquiza (Mexico)

FEVERISH MEMORY
MEMORIA DE LA FIEBRE
Feminist Poetry
Homage to Carilda Oliver Labra (Cuba)

REVERSE KINGDOM
REINO DEL REVÉS
Children's Poetry
Homage to María Elena Walsh (Argentina)

STONE OF MADNESS
PIEDRA DE LA LOCURA
Personal Anthologies
Homage to Alejandra Pizarnik (Argentina)

TWENTY FURROWS
VEINTE SURCOS
Collective Works
Homage to Julia de Burgos (Puerto Rico)

VOICES PROJECT
PROYECTO VOCES
María Farazdel (Palitachi) (Dominican Republic)

WILD MUSEUM
MUSEO SALVAJE
Latin American Poetry
Homage to Olga Orozco (Argentina)

OTHER COLLECTIONS

Fiction
INCENDIARY
INCENDIARIO
Homage to Beatriz Guido (Argentina)

Children's Fiction
KNITTING THE ROUND
TEJER LA RONDA
Homage to Gabriela Mistral (Chile)

Drama
MOVING
MUDANZA
Homage to Elena Garro (Mexico)

Essay
SOUTH
SUR
Homage to Victoria Ocampo (Argentina)

Non-Fiction/Other Discourses
BREAK-UP
DESARTICULACIONES
Homage to Sylvia Molloy (Argentina)

For those who like Olga Orozco believe that "a word on the back of the world allows the enemy to advance," and who like her recognize that "half of desire is barely that, half of love is only a measure," this book was published in Manhattan on July 2025, as part of the Wild Museum Collection by *Nueva York Poetry Press*, in homage to her voice.

www.ingramcontent.com/pod-product-compliance
Lightning Source LLC
Chambersburg PA
CBHW020334170426
43200CB00006B/379